Snežana Stefanović

Serbisch: Einfache Sätze 1

In lateinischer und kyrillischer Schrift

mit deutscher Übersetzung

2. Ausgabe

Sprachstufe

A 1 – Anfänger

Impressum

https://www.serbisch-lernen.com

ISBN: 978-3757952174

Herstellung und Druck über tolino media GmbH & Co. KG, Albrechtstr. 14, 80636 München. Printed in Germany. Fragen zu Produktsicherheit an: gpsr@tolino.media.

VORWORT

Das Buch “Serbisch: Einfache Sätze 1“, Sprachstufe A1 (Anfänger) bietet vorgefertigte Sätze zum Lernen der serbischen Sprache. Die Sätze sind für das Sprachniveau A1 - Anfänger konzipiert und in gängige Themen für den Sprachgebrauch im Alltag gruppiert. Alle Sätze sind in der Präsensform und die Texte sowohl in lateinischer als auch in kyrillischer Schrift verfasst. Zu jedem Satz ist auch eine Übersetzung ins Deutsche vorhanden.

Mehr Infos auf unserer Webseite: www.serbisch-lernen.com

INHALT – SADRŽAJ

Einfache Sätze in lateinischer Schrift

Kyrillische Schrift

Einfache Sätze in kyrillischer Schrift

1. Das Kennenlernen I – Упознавање I
2. Das Kennenlernen II – Упознавање II
3. Wie heißt du? – Како се зовеш?
4. In der Stadt – У граду
5. Im Café – У кафићу
6. Im Restaurant – У ресторану
7. Wie schmecken die Speisen? – Какva су јела?
8. Auf dem Gemüsemarkt – На пијаци
9. Freizeit – Слободно време
10. Personenbeschreibung – Опис особе
11. Wohnungsbeschreibung – Опис стана
12. Am Abend – Увече
13. Alltag – Свакодневица
14. Mein Job – Мој посао

Einfache Sätze in lateinischer Schrift

1. Das Kennenlernen I – Upoznavanje I

Dobar dan!	Guten Tag!
Kako si?	Wie geht es dir?
Hvala, dobro. A ti?	Gut, danke. Und dir?
I ja sam dobro.	Mir geht es auch gut.
Kako je tvoj muž?	Wie geht es deinem Mann?
Hvala, on je dobro.	Danke, ihm geht es gut.
Kako je tvoja žena?	Wie geht es deiner Frau?
Ona je tako–tako.	Ihr geht es so lala.
Odakle si?	Woher kommst du?
Ja sam iz Beograda. A ti?	Ich komme aus Belgrad. Und du?
Ja sam iz Berlina.	Ich komme aus Berlin.
Odakle je tvoja drugarica?	Woher kommt deine Freundin?
Ona je iz Berna.	Sie kommt aus Bern.
Odakle je tvoj drug?	Woher kommt dein Freund?
On je iz Švajcarske.	Er kommt aus der Schweiz.
Odakle iz Švajcarske?	Woher aus der Schweiz?
Iz Ženeve.	Aus Genf.

2. Das Kennenlernen II – Upoznavanje II

Dobro jutro!	Guten morgen!
Kako se kaže: „ausgezeichnet“?	Wie sagt man: „ausgezeichnet“?
Kaže se: „odlično“.	Man sagt: „odlično“.
Šta znači: „loše“?	Was bedeutet „loše“?
„Loše“ znači „schlecht“.	„Loše“ bedeutet „schlecht“.
Jesi ti loše?	Geht es dir schlecht?
Ne, ja sam odlično.	Nein, mir geht es ausgezeichnet.
Šta si po zanimanju?	Was bist du von Beruf?
Interesantno.	Interessant.
Ja sam službenik po zanimanju.	Ich bin Angestellter von Beruf.
Šta su tvoji roditelji po zanimanju?	Was sind deine Eltern von Beruf?
Moja majka je penzionerka.	Meine Mutter ist Pensionistin.
Moj otac je u penziji.	Mein Vater ist in Pension.

3. Wie heißt du? – Kako se zoveš?

Dobro veče!	Guten Abend!
Kako se zove tvoj brat?	Wie heißt dein Bruder?
Moj brat se zove Ognjen.	Mein Bruder heißt Ognjen.
Kako se zove tvoja sestra?	Wie heißt deine Schwester?

Moja sestra se zove Biljana.	Meine Schwester heißt Biljana.
Ne razumem.	Ich verstehe nicht.
Polako, polako!	Langsam, langsam!
Ne znam.	Ich weiß es nicht.
Ide.	Es geht.
Samo malo.	Nur ein bisschen/nur ein wenig. / Ein Moment.
Vidimo se!	Wir sehen uns!
Doviđenja!	Auf Wiedersehen!
Do sutra!	Bis morgen!

4. In der Stadt – U gradu

Izvinite, možete da mi pomognete?	Entschuldigen Sie, können Sie mir helfen?
Molim vas, gde je ovde parkiralište?	Bitte, wo ist hier der Parkplatz?
Razumem.	Ich verstehe.
Izvinite, gde je ovde apoteka?	Entschuldigen Sie, wo ist hier die Apotheke?
Tu, u blizini.	Da, in der Nähe.
Izvinite, gde je ovde bolnica?	Entschuldigen Sie, wo ist hier das Spital?
Odmah ovde.	Gleich hier.
Daleko.	Weit weg.
Izvinite, gde je ovde pozorište „Atelje 212“?	Entschuldigen Sie, wo ist hier das Theater „Atelje 212“?

Iza ćoška.	Ums Eck.
Izvinite, gde je ovde tramvajska stanica?	Entschuldigen Sie, wo ist hier die Straßenbahnstation?
Tamo.	Dort.
Izvinite, gde je ovde pošta?	Entschuldigen Sie, wo ist hier die Post?
Idite samo pravo.	Gehen Sie nur gerade aus.
Izvinite, gde je ovde policijska stanica?	Entschuldigen Sie, wo ist hier die Polizeistation?
Idite levo, pa desno.	Gehen Sie links, dann rechts.
Mi tražimo bioskop „Fontana“.	Wir suchen das Kino „Fontana“.
Idite desno, pa levo, pa desno.	Gehen Sie rechts, dann links, dann rechts.
Gde je ovde lift?	Wo ist hier der Lift?
Idite uvek desno.	Gehen Sie immer rechts.
Gde je ovde pijaca „Banovo brdo“?	Wo ist hier der Gemüsemarkt „Banovo brdo?“
Vidite onu ulicu tamo? Da, tamo je.	Sehen Sie die Straße dort? Ja, dort ist er.
Gde je ovde bankomat?	Wo ist hier ein Bankomat?
Tamo preko.	Dort drüben.
Gde je ovde izlaz?	Wo ist hier der Ausgang?
Levo.	Links.
Gde je ovde knjižara?	Wo ist hier die Buchhandlung?
Desno.	Rechts.
Mnogo hvala.	Danke vielmals.
Nema na čemu.	Gern geschehen.

Doviđenja!	Auf Wiedersehen!

5. Im Café – U kafiću

Dobar dan!	Guten Tag!
Izvinite, možemo da naručimo?	Verzeihen Sie, können wir bestellen?
Ja želim kafu i običnu vodu.	Ich möchte einen Kaffee und Leitungswasser dazu.
Molim vas s mlekom.	Bitte, mit Milch.
Molim vas bez mleka.	Bitte, ohne Milch.
Ja želim duplu kafu.	Ich möchte einen doppelten Kaffee.
Mi želimo dve kafe.	Wir möchten 2 Kaffees.
Ja želim samo espreso.	Ich möchte nur einen Espresso.
Kakve imate čajeve?	Welche Tee Sorten haben Sie?
Molim vas bez limuna.	Bitte, ohne Zitrone.
Ja želim samo vodu.	Ich möchte nur Wasser.
Ja želim pola litre vode.	Ich möchte einen halben Liter Wasser.
Imate li negaziranu vodu?	Haben Sie stilles Wasser?
Da, molim.	Ja, bitte.
Molim bez leda.	Bitte, ohne Eiswürfeln.
Ja želim pivo.	Ich möchte ein Bier.
Kakva piva imate?	Welche Biersorten haben Sie?
Ja želim pivo u boci.	Ich möchte ein Flaschenbier.

Ja želim točeno pivo.	Ich möchte Bier vom Fass.
Je li pivo hladno?	Ist das Bier kalt?
Ja želim rakiju.	Ich möchte einen Schnaps.
Koju rakiju mi preporučujete?	Welchen Schnaps empfehlen Sie mir?
Ja želim da probam domaću vrstu rakije.	Ich will eine einheimische Schnapssorte kosten.
Ja želim čašu vina.	Ich möchte ein Glas Wein.
Imate li crno vino?	Haben Sie Rotwein?
Imate li belo vino?	Haben Sie Weißwein?
Imate li neko dobro domaće vino?	Haben Sie einen guten einheimischen Wein?
Ko proizvodi to vino?	Wer stellt den Wein her?
Izvinite, gde je ovde toalet?	Entschuldigen Sie, wo ist hier das WC?
Imate li i bežični pristup internetu (WLAN)?	Haben Sie hier auch WLAN?
Kako glasi lozinka za bežični pristup internetu (WLAN)?	Wie lautet das Passwort für das WLAN?
To je sve, hvala.	Das ist alles, danke.
Mi želimo da platimo.	Wir möchten zahlen.
Doviđenja!	Auf Wiedersehen!

6. Im Restaurant – U restoranu

Molim vas, gde je naš sto?	Bitte, wo ist unser Tisch?
Gde je moje mesto?	Wo ist mein Sitzplatz?

Možemo li da dobijemo jelovnik?	Können wir die Speisekarte bekommen?
Šta možete da nam preporučite?	Was können Sie uns empfehlen?
Imate li vinsku kartu?	Haben Sie eine Weinkarte?
Imate li danas dnevni meni?	Gibt es heute das Tagesmenü?
Hoćemo da naručimo predjelo?	Wollen wir eine Vorspeise bestellen?
Možemo da uzmemo hladno predjelo.	Wir können eine kalte Vorspeise nehmen.
Ja želim toplo predjelo.	Ich möchte eine warme Vorspeise.
Mi smo veoma gladni.	Wir sind sehr hungrig.
Mi nismo jako gladni.	Wir sind nicht sehr hungrig.
Šta možemo da uzmemo za glavno jelo?	Was können wir als Hauptspeise nehmen?
Ja ne jedem meso.	Ich esse kein Fleisch.
Mi želimo nešto lagano.	Wir wollen etwas Leichtes.
Možete da nam stavite ovo jelo na dva tanjira?	Können Sie uns diese Speise auf 2 Teller teilen?
U jelovniku stoji: „domaća supa“. Šta je to?	In der Speisekarte steht: „domaća supa“. Was ist das?
Šta je uz ovo jelo prilog?	Was ist bei dieser Speise die Beilage?
Mogu li da dobijem ovo jelo bez priloga?	Kann ich diese Speise ohne Beilage bekommen?
Je li to slatko ili slano?	Ist das süß oder salzig?
Ja ne poznajem to jelo.	Ich kenne diese Speise nicht.

Recite mi – kakvo je ovo jelo?	Sagen Sie mir – wie ist diese Speise?
Imate li neki srpski specijalitet?	Haben Sie eine serbische Spezialität?
Zašto ne?	Wieso nicht?
Ipak ne.	Doch nicht.
Onda ćemo da probamo to jelo.	Dann probieren wir diese Speise.
Mi želimo i desert.	Wir wollen auch ein Dessert.
Mi želimo dve čaše vina.	Wir wollen 2 Gläser Wein.
Molim vas i pola litre negazirane vode.	Bitte auch einen halben Liter stilles Wasser.
Molim vas samo običnu vodu.	Bitte nur Leitungswasser.
Mi obično pijemo kafu posle.	Wir trinken Kaffee normalerweise danach.
Molim vas novu kašiku.	Ich bitte Sie um einen neuen Löffel.
Mogu li da dobijem novu viljušku?	Kann ich eine neue Gabel bekommen?
Imate li pepeljaru?	Haben Sie einen Aschenbecher?
Mogu li da dobijem još jednu salvetu?	Kann ich noch eine Serviette bekommen?
Da, to je veoma ukusno.	Ja, es schmeckt gut.
Da, mi smo veoma zadovoljni.	Ja, wir sind sehr zufrieden.
Ne, mi nismo zadovoljni.	Nein, wir sind nicht zufrieden.
Nažalost.	Leider.
Molim vas, možemo da platimo?	Bitte, können wir zahlen?

Račun, molim.	Rechnung, bitte.
Mnogo hvala.	Vielen Dank.

7. Wie schmecken die Speisen? – Kakva su jela?

Kakav je doručak?	Wie ist das Frühstück?
Doručak je veoma ukusan.	Das Frühstück ist sehr geschmackvoll.
Je li hleb svež?	Ist das Brot frisch?
Da, hleb je svež.	Ja, das Brot ist frisch.
Je li čaj topao?	Ist der Tee warm?
Ne, čaj je hladan.	Nein, der Tee ist kalt.
Salata uopšte nije slana.	Der Salat ist überhaupt nicht gesalzen.
Supa je bljutava.	Die Suppe ist fad.
Ovaj odrezak nije pečen.	Das Schnitzel ist nicht durchgebraten.
Ovaj kolač je sladak.	Dieser Kuchen ist süß.
Vaša predjela su veoma izdašna.	Ihre Vorspeisen sind sehr ausgiebig.
Glavno jelo nije jeftino.	Die Hauptspeise ist nicht billig.
Sos je nažalost kiseo.	Die Soße ist leider sauer.
Piletina je prezačinjena.	Das Hühnerfleisch ist zu würzig.
Meso je odlično pečeno.	Das Fleisch ist ausgezeichnet gebraten.

Ova svinjetina nije dobra.	Dieses Schweinefleisch ist nicht gut.
Riba je lagano jelo.	Fisch ist eine leichte Mahlzeit.
Krastavac je gorak.	Gurke ist bitter.
Kakva je večera?	Wie ist das Abendessen?
Ja želim nešto toplo.	Ich möchte etwas Warmes.
Ja želim krepku supu.	Ich möchte eine kräftige Suppe.
Ja želim svežu salatu i malo domaćeg sira.	Ich möchte einen frischen Salat und ein bisschen einheimischem Käse.
Mi želimo samo svežu salatu.	Wir wollen nur einen frischen Salat.
Sladoled je topao.	Die Eiscreme ist warm.
Vaši deserti izgledaju veoma dobro.	Ihre Desserts sehen sehr gut aus.

8. Auf dem Gemüsemarkt – Na pijaci

Molim vas, koliko ovo košta?	Bitte, wie viel kostet das?
To je veoma jeftino.	Das ist sehr billig.
To je veoma skupo.	Das ist sehr teuer.
Odakle dolazi ovo voće?	Woher kommt das Obst?
Odakle dolazi ovo povrće?	Woher kommt das Gemüse?
Je li voće sveže?	Ist das Obst frisch?
Je li povrće sveže?	Ist das Gemüse frisch?
Ja želim jedan kilogram.	Ich will ein Kilogramm.

Ja želim pola kilograma.	Ich will ein halbes Kilogramm.
Ja želim dva kilograma.	Ich will 2 Kilogramm.
Ja želim samo jedno pakovanje voća.	Ich will nur eine Packung Obst.
Mogu li da izaberem voće?	Kann ich das Obst auswählen?
To je previše.	Das ist zu viel.
To je premalo.	Das ist zu wenig.
Ta jabuka je trula.	Dieser Apfel ist verdorben.
Ne, hvala lepa.	Nein, vielen Dank.
Voće je za kolač.	Das Obst ist für einen Kuchen.
Povrće je za supu.	Das Gemüse ist für eine Suppe.
Molim vas samo velike komade.	Bitte, nur große Stücke.
Molim vas samo male komade.	Bitte, nur kleine Stücke.
Mogu li da dobijem samo pola?	Kann ich nur die Hälfte bekommen?
Ja nemam kesicu.	Ich habe kein Sackerl/keine Tüte.
Ja nemam sitniš.	Ich habe kein Kleingeld.

9. Freizeit – Slobodno vreme

Šta radiš u slobodno vreme?	Was machst du in der Freizeit?
Imaš li mnogo slobodnog vremena?	Hast du viel Freizeit?
Imaš li hobi?	Hast du ein Hobby?
Koji je tvoj hobi?	Was für ein Hobby hast du?

Da li voliš fudbal?	Magst du Fußball?
Da li igraš košarku?	Spielst du Basketball?
Moj hobi je kuvanje.	Mein Hobby ist Kochen.
Moji hobiji su knjige i čitanje.	Meine Hobbys sind Bücher und Lesen.
Moj hobi je sviranje.	Mein Hobby ist Musizieren.
Ja sviram klavir i gitaru.	Ich spiele Klavier und Gitarre.
Ja volim duge šetnje.	Ich mag lange Spaziergänge.
Ja volim prirodu.	Ich mag Natur.
Moj hobi je planinarenje.	Mein Hobby ist Bergsteigen.
Moj hobi je gledanje filmova.	Mein Hobby ist Filme schauen.
Kako često se baviš tvojim hobijem?	Wie oft befasst du dich mit deinem Hobby?
Svaki dan.	Jeden Tag.
Svaki vikend.	Jedes Wochenende.
Ne često, samo ponekad.	Nicht oft, nur manchmal.
Imaš li vremena za to?	Hast du Zeit dafür?
Ne uvek.	Nicht immer.
Za hobi imam uvek vremena.	Für ein Hobby habe ich immer Zeit.
Voliš da ideš u bioskop?	Gehst du gerne ins Kino?
Voliš operu?	Magst du die Oper?
Kada imam vremena, ja ostajem kod kuće.	Wenn ich Zeit habe, bleibe ich zu Hause.
Ja volim da gledam televiziju.	Ich sehe gerne fern.
Ja rado slikam i crtam.	Ich male und zeichne gern.
Moj hobi je joga.	Mein Hobby ist Yoga.

Moj hobi je skijanje.	Mein Hobby ist Schifahren.
Moj hobi je hokej.	Mein Hobby ist Eishockey.
Moj hobi je plivanje.	Mein Hobby ist Schwimmen.
Ja idem svaki vikend da plivam na bazen.	Ich gehe jedes Wochenende ins Schwimmbad.
Moj hobi su putovanja.	Mein Hobby ist Reisen.
Ja volim da posećujem gradove.	Ich besuche gern Städte.
Ja volim da posećujem daleke zemlje.	Ich besuche gerne ferne Länder.
Ja se bavim sportom.	Ich betreibe Sport.
Kojim sportom se baviš?	Welche Sportart betreibst du?
Ja se bavim odbojkom.	Ich betreibe Volleyball.
Ja igram stolni tenis.	Ich spiele Tischtennis.
Ja nemam hobi.	Ich habe kein Hobby.

10. Personenbeschreibung – Opis osobe

Kako izgleda tvoja drugarica?	Wie sieht deine Freundin aus?
Ona je niska i ima smeđu kosu.	Sie ist klein und hat braune Haare.
Kako izgleda tvoj drug?	Wie sieht dein Freund aus?
On je visok i ima plavu kosu.	Er ist groß und hat blonde Haare.
Šta on nosi?	Was trägt er?
On nosi pantalone i košulju.	Er trägt Hose und Hemd.

Ona nosi uvek suknje i bluze.	Sie trägt immer Röcke und Blusen.
Kakav je njegov karakter?	Wie ist sein Charakter?
On je simpatičan i drag.	Er ist sympathisch und lieb.
Ona je moderna i interesantna.	Sie ist modern und interessant.
On je veoma glasan.	Er ist sehr laut.
Ona je vesela.	Sie ist fröhlich.
Moj kolega je sada veoma ljut.	Mein Kollege ist jetzt sehr verärgert.
Zašto je tvoj kolega ljut?	Warum ist dein Kollege verärgert?
Njegova jakna je prljava.	Seine Jacke ist schmutzig.
Moja koleginica je tužna.	Meine Kollegin ist traurig.
Zašto je tvoja koleginica tužna?	Warum ist deine Kollegin traurig?
Njena suknja je prljava.	Ihr Rock ist schmutzig.
Kakav je tvoj pas?	Wie ist dein Hund?
On je mali, mlad i brz.	Er ist klein, jung und schnell.
Kakva je tvoja mačka?	Wie ist deine Katze?
Ona je debela i spora.	Sie ist dick und langsam.
Kakva je tvoja tašna?	Wie ist deine Tasche?
Ona je velika i skupa.	Sie ist groß und teuer.
Ona je loše jer je žedna.	Ihr geht es schlecht, weil sie Durst hat.
Kakva je njegova košulja?	Wie ist sein Hemd?
Kakva je njena suknja?	Wie ist ihr Rock?
Kakav je njegov kaput?	Wie ist sein Mantel?

Moja koža je tamna, zar ne?	Meine Haut ist sonnengebräunt, nicht wahr?
On je loše jer je gladan.	Ihm geht es schlecht, weil er Hunger hat.

11. Wohnungsbeschreibung – Opis stana

O, kako je vaš stan velik!	Och, wie groß ist Ihre/eure Wohnung!
Je li vaš stan skup?	Ist Ihre/eure Wohnung teuer?
Stan je ogroman, ali nije skup.	Die Wohnung ist riesig, aber nicht teuer.
Vi imate sreće sa stanom.	Sie haben/Ihr habt Glück mit der Wohnung.
Vaša terasa je prostrana.	Ihre Terrasse ist geräumig.
Dnevna soba je moderna i ugodna.	Das Wohnzimmer ist modern und bequem.
Spavaća soba je minijaturna.	Das Schlafzimmer ist winzig.
Ovde primate goste, zar ne?	Hier empfangen Sie/empfangt ihr die Gäste, nicht wahr?
Naš balkon je mali, ali lep.	Unser Balkon ist klein, aber schön.
Imate i trpezariju?	Haben Sie/Habt ihr auch ein Esszimmer?
Ne, nažalost nemamo trpezariju.	Nein, leider haben wir kein Esszimmer.
Naše kupatilo je jednostavno i praktično.	Unser Badezimmer ist einfach und praktisch.

Njihov toalet je mali, ali čist i lep.	Ihr WC ist klein, aber sauber und schön.
Je li vaš stan topao?	Ist Ihre/eure Wohnung warm?
O da, stan je veoma topao.	O ja, die Wohnung ist sehr warm.
Da li imate ostavu?	Haben Sie/Habt ihr einen Abstellraum?
Ne, nažalost nemamo ostavu.	Nein, leider haben wir keinen Abstellraum.
Kakav je soliter?	Wie ist das Wohnhaus?
Soliter je star, ali lep.	Das Wohnhaus ist alt, aber schön.
Kakav je lift?	Wie ist der Lift?
Lift radi.	Der Lift ist in Betrieb.
Mi nemamo lift.	Wir haben keinen Lift.
Kakva je ulica?	Wie ist die Straße?
Ulica je dugačka i glasna.	Die Straße ist lang und laut.

12. Am Abend – Uveče

Kuda idemo večeras?	Wohin gehen wir heute Abend?
Večeras idemo na večeru.	Heute Abend gehen wir zum Abendessen.
Kuda idemo u subotu?	Wohin gehen wir am Samstag?
U subotu idemo u grad.	Am Samstag gehen wir in die Stadt.
Kuda tačno?	Wohin genau?

Idemo da večeramo u restoran.	Wir gehen ins Restaurant Abendessen.
Kuda idemo posle?	Wohin gehen wir nachher?
Posle idemo u kafanu.	Nachher gehen wir ins Kaffeehaus.
Šta slavimo u subotu?	Was feiern wir am Samstag?
U subotu slavimo rođendan.	Am Samstag feiern wir Geburtstag.
Kada se vidimo?	Wann sehen wir uns?
Vidimo se u pola osam.	Wir sehen uns um halb 8.
Kuda ideš sutra?	Wohin gehst du morgen?
Sutra idem u pozorište.	Morgen gehe ich ins Theater.
Kuda ideš sutra uveče?	Wohin gehst du morgen Abend?
Sutra uveče ne idem nikuda.	Morgen Abend gehe ich nirgends hin.
Kuda ideš prekosutra?	Wohin gehst du übermorgen?
Prekosutra imam sastanak s Lelom.	Übermorgen habe ich eine Verabredung mit Lela.
Oko koliko časova se vidimo?	Gegen wie viel Uhr sehen wir uns?
Vidimo se oko pet.	Wir sehen uns gegen 5.
Do kada ostajemo u klubu?	Bis wann bleiben wir im Club?
Do ponoći.	Bis Mitternacht.
Šta želiš da radiš sutra uveče?	Was willst du morgen Abend machen?
Sutra uveče želim da gledam televiziju.	Morgen Abend will ich fernsehen.

Kuda želiš da ideš u petak uveče?	Wohin willst du am Freitagabend gehen?
U petak uveče želim da idem na izložbu.	Am Freitagabend will ich in die Ausstellung.
Kuda idemo u nedelju uveče?	Wohin gehen wir am Sonntagabend?
U nedelju uveče idemo u operu.	Am Sonntagabend gehen wir in die Oper.

13. Alltag – Svakodnevica

Kada se budiš?	Wann wachst du auf?
Ja se budim svaki dan oko sedam.	Ich wache jeden Tag gegen 7 auf.
Šta doručkuješ?	Was frühstückst du?
Volim lagan doručak.	Ich esse gern ein leichtes Frühstück.
Ja ne doručkujem.	Ich frühstücke nicht.
Ja volim ujutro mnogo da jedem.	Ich esse in der Früh gern viel.
Šta radiš prepodne?	Was machst du am Vormittag?
Prepodne radim.	Am Vormittag arbeite ich.
Prepodne sam na poslu.	Am Vormittag bin ich in der Arbeit.
Kada ručaš?	Wann isst du zu Mittag?
Obično ručam oko dvanaest.	Ich esse gewöhnlich gegen 12 zu Mittag.
Šta obično ručaš?	Was isst du normalerweise zu Mittag?

Ja jedem u kantini.	Ich esse in der Kantine.
Ja jedem kod kuće.	Ich esse zu Hause.
Ja kuvam kod kuće svaki dan.	Ich koche jeden Tag zu Hause.
Ja ne ručam jer kasno doručkujem.	Ich esse nicht zu Mittag, weil ich spät frühstücke.
Šta radiš poslepodne?	Was machst du am Nachmittag?
Poslepodne sam na poslu.	Am Nachmittag bin ich in der Arbeit.
Poslepodne sam kod kuće s decom.	Am Nachmittag bin ich zu Haus` mit den Kindern.
Poslepodne se odmaram.	Am Nachmittag ruhe ich mich aus.
Da li se dugo odmaraš?	Ruhst du dich lange aus?
Ja se kratko odmaram.	Ich ruhe mich kurz aus.
Ja se ne odmaram jer nemam vremena.	Ich ruhe mich nicht aus, weil ich keine Zeit habe.
Šta radiš uveče?	Was machst du am Abend?
Uveče gledam televiziju.	Am Abend sehe ich fern.
Uveče čitam novine.	Am Abend lese ich Zeitung.
Uveče čitam knjige.	Am Abend lese ich Bücher.
Uveče spremam stan.	Am Abend räume ich die Wohnung auf.
Uveče sam s decom.	Am Abend bin ich mit den Kindern.
Kada ideš da spavaš?	Wann gehst du schlafen?
Obično idem kasno da spavam.	Ich gehe gewöhnlich spät schlafen.

Obično idem rano da spavam.	Für gewöhnlich gehe ich früh schlafen.

14. Mein Job – Moj posao

Gde radiš?	Wo arbeitest du?
Šta si po zanimanju?	Was bist du von Beruf?
Kakav je tvoj posao?	Wie ist dein Job?
Moj posao je interesantan i ugodan.	Mein Job ist interessant und angenehm.
Moj posao je naporan i težak.	Mein Job ist anstrengend und schwierig.
Moj posao je lagan i jednostavan.	Mein Job ist leicht und einfach.
Imaš li šefa?	Hast du einen Chef?
Moj šef je veoma ugodan.	Mein Chef ist sehr angenehm.
Ja nemam šefa, ja radim samostalno.	Ich habe keinen Chef, ich bin selbstständig.
Moji saradnici na poslu su simpatični.	Meine Mitarbeiter in der Arbeit sind sympathisch.
Ja radim od devet do pet.	Ich arbeite von 9 bis 5.
Ponekad radim prekovremeno.	Ich mache manchmal Überstunden.
Kako ideš na posao?	Wie kommst du in die Arbeit?
Idem peške jer je moj biro blizu.	Ich gehe zu Fuß, weil sich mein Büro in der Nähe befindet.
Ja ne želim da menjam posao.	Ich will meinen Job nicht wechseln.

Ja volim moj posao jer je zabavan.	Ich mag meinen Job, weil er kurzweilig ist.
Jesi sada na bolovanju?	Bist du im Krankenstand?
Da, imam gripu.	Ja, ich habe eine Grippe.
Danas trebam da završim posao.	Heute soll ich die Arbeit fertigstellen.
Imam mnogo posla.	Ich habe viel zu tun.
Imam malo posla.	Ich habe wenig zu tun.

Kyrillische Schrift

A, a **= А, а** ***А, а***	**B, b** **= Б, б** ***Б, б***	**C, c** **= Ц, ц** ***Ц, ц***	**Č, č** **= Ч, ч** ***Ч, ч***	**Ć, ć** **= Ћ, ћ** ***Ћ, ћ***	**D, d** **= Д, д** ***Д, д***
Đ, đ **= Ђ, ђ** ***Ђ, ђ***	**Dž, dž** **= Џ, џ** ***Џ, џ***	**E, e** **= Е, е** ***Е, е***	**F, f** **= Ф, ф** ***Ф, ф***	**G, g** **= Г, г** ***Г, г***	**H, h** **= Х, х** ***Х, х***
I, i **= И, и** ***И, и***	**J, j** **= Ј, ј** ***Ј, ј***	**K, k** **= К, к** ***К, к***	**L, l** **= Л, л** ***Л, л***	**Lj, lj** **= Љ, љ** ***Љ, љ***	**M, m** **= М, м** ***М, м***
N, n **= Н, н** ***Н, н***	**Nj, nj** **= Њ, њ** ***Њ, њ***	**O, o** **= О, о** ***О, о***	**P, p** **= П, п** ***П, п***	**R, r** **= Р, р** ***Р, р***	**S, s** **= С, с** ***С, с***
Š, š **= Ш, ш** ***Ш, ш***	**T, t** **= Т, т** ***Т, т***	**U, u** **= У, у** ***У, у***	**V, v** **= В, в** ***В, в***	**Z, z** **= З, з** ***З, з***	**Ž, ž** **= Ж, ж** ***Ж, ж***

Einfache Sätze in kyrillischer Schrift

1. Das Kennenlernen I – Упознавање I

Добар дан!	Guten Tag!
Како си?	Wie geht es dir?
Хвала, добро. А ти?	Gut, danke. Und dir?
И ја сам добро.	Mir geht es auch gut.
Како је твој муж?	Wie geht es deinem Mann?
Хвала, он је добро.	Danke, ihm geht es gut.
Како је твоја жена?	Wie geht es deiner Frau?
Она је тако-тако.	Ihr geht es so lala.
Одакле си?	Woher kommst du?
Ја сам из Београда. А ти?	Ich komme aus Belgrad. Und du?
Ја сам из Берлина.	Ich komme aus Berlin.
Одакле је твоја другарица?	Woher kommt deine Freundin?
Она је из Берна.	Sie kommt aus Bern.
Одакле је твој друг?	Woher kommt dein Freund?
Он је из Швајцарске.	Er kommt aus der Schweiz.
Одакле из Швајцарске?	Woher aus der Schweiz?
Из Женеве.	Aus Genf.

2. Das Kennenlernen II – Упознавање II

Добро јутро!	Guten morgen!
Како се каже: „ausgezeichnet“?	Wie sagt man: „ausgezeichnet“?
Каже се: „одлично“.	Man sagt: „odlično“.
Шта значи: „лоше“?	Was bedeutet „loše“?
„Лоше“ значи „schlecht“.	„Loše“ bedeutet „schlecht“.
Јеси ти лоше?	Geht es dir schlecht?
Не, ја сам одлично.	Nein, mir geht es ausgezeichnet.
Шта си по занимању?	Was bist du von Beruf?
Интересантно.	Interessant.
Ја сам службеник по занимању.	Ich bin Angestellter von Beruf.
Шта су твоји родитељи по занимању?	Was sind deine Eltern von Beruf?
Моја мајка је пензионерка.	Meine Mutter ist Pensionistin.
Мој отац је у пензији.	Mein Vater ist in Pension.

3. Wie heißt du? – Како се зовеш?

Добро вече!	Guten Abend!
Како се зове твој брат?	Wie heißt dein Bruder?
Мој брат се зове Огњен.	Mein Bruder heißt Ognjen.

Како се зове твоја сестра?	Wie heißt deine Schwester?
Моја сестра се зове Биљана.	Meine Schwester heißt Biljana.
Не разумем.	Ich verstehe nicht.
Полако, полако!	Langsam, langsam!
Не знам.	Ich weiß es nicht.
Иде.	Es geht.
Само мало.	Nur ein bisschen/nur ein wenig. / Ein Moment.
Видимо се!	Wir sehen uns!
Довиђења!	Auf Wiedersehen!
До сутра!	Bis morgen!

4. In der Stadt – У граду

Извините, можете да ми помогнете?	Entschuldigen Sie, können Sie mir helfen?
Молим вас, где је овде паркиралиште?	Bitte, wo ist hier der Parkplatz?
Разумем.	Ich verstehe.
Извините, где је овде апотека?	Entschuldigen Sie, wo ist hier die Apotheke?
Ту, у близини.	Da, in der Nähe.
Извините, где је овде болница?	Entschuldigen Sie, wo ist hier das Spital?
Одмах овде.	Gleich hier.
Далеко.	Weit weg.

Извините, где је овде позориште "Атеље 212"?	Entschuldigen Sie, wo ist hier das Theater „Atelje 212“?
Иза ћошка.	Ums Eck.
Извините, где је овде трамвајска станица?	Entschuldigen Sie, wo ist hier die Straßenbahnstation?
Тамо.	Dort.
Извините, где је овде пошта?	Entschuldigen Sie, wo ist hier die Post?
Идите само право.	Gehen Sie nur gerade aus.
Извините, где је овде полицијска станица?	Entschuldigen Sie, wo ist hier die Polizeistation?
Идите лево па десно.	Gehen Sie links, dann rechts.
Ми тражимо биоскоп "Фонтана".	Wir suchen das Kino „Fontana“.
Идите десно па лево па десно.	Gehen Sie rechts, dann links, dann rechts.
Где је овде лифт?	Wo ist hier der Lift?
Идите увек десно.	Gehen Sie immer rechts.
Где је овде пијаца „Баново брдо“?	Wo ist hier der Gemüsemarkt „Banovo brdo?“
Видите ону улицу тамо? Да, тамо је.	Sehen Sie die Straße dort? Ja, dort ist er.
Где је овде банкомат?	Wo ist hier ein Bankomat?
Тамо преко.	Dort drüben.
Где је овде излаз?	Wo ist hier der Ausgang?
Лево.	Links.
Где је овде књижара?	Wo ist hier die Buchhandlung?
Десно.	Rechts.

Много хвала.	Danke vielmals.
Нема на чему.	Gern geschehen.
Довиђења!	Auf Wiedersehen!

5. Im Café – У кафићу

Добар дан!	Guten Tag!
Извините, можемо да наручимо?	Verzeihen Sie, können wir bestellen?
Ја желим кафу и обичну воду.	Ich möchte einen Kaffee und Leitungswasser dazu.
Молим вас с млеком.	Bitte, mit Milch.
Молим вас без млека.	Bitte, ohne Milch.
Ја желим дуплу кафу.	Ich möchte einen doppelten Kaffee.
Ми желимо две кафе.	Wir möchten 2 Kaffees.
Ја желим само еспресо.	Ich möchte nur einen Espresso.
Какве имате чајеве?	Welche Tee Sorten haben Sie?
Молим вас без лимуна.	Bitte, ohne Zitrone.
Ја желим само воду.	Ich möchte nur Wasser.
Ја желим пола литре воде.	Ich möchte einen halben Liter Wasser.
Имате ли негазирану воду?	Haben Sie stilles Wasser?
Да, молим.	Ja, bitte.
Молим без леда.	Bitte, ohne Eiswürfeln.
Ја желим пиво.	Ich möchte ein Bier.

Каква пива имате?	Welche Biersorten haben Sie?
Ја желим пиво у боци.	Ich möchte ein Flaschenbier.
Ја желим точено пиво.	Ich möchte Bier vom Fass.
Је ли пиво хладно?	Ist das Bier kalt?
Ја желим ракију.	Ich möchte einen Schnaps.
Коју ракију ми препоручујете?	Welchen Schnaps empfehlen Sie mir?
Ја желим да пробам домаћу врсту ракије.	Ich will eine einheimische Schnapssorte kosten.
Ја желим чашу вина.	Ich möchte ein Glas Wein.
Имате ли црно вино?	Haben Sie Rotwein?
Имате ли бело вино?	Haben Sie Weißwein?
Имате ли неко добро домаће вино?	Haben Sie einen guten einheimischen Wein?
Ко производи то вино?	Wer stellt den Wein her?
Извините, где је овде тоалет?	Entschuldigen Sie, wo ist hier das WC?
Имате ли и бежични приступ интернету (WLAN)?	Haben Sie hier auch WLAN?
Како гласи лозинка за бежични приступ интернету (WLAN)?	Wie lautet das Passwort für das WLAN?
То је све, хвала.	Das ist alles, danke.
Ми желимо да платимо.	Wir möchten zahlen.
Довиђења!	Auf Wiedersehen!

6. Im Restaurant – У ресторану

Молим вас, где је наш сто?	Bitte, wo ist unser Tisch?
Где је моје место?	Wo ist mein Sitzplatz?
Можемо ли да добијемо јеловник?	Können wir die Speisekarte bekommen?
Шта можете да нам препоручите?	Was können Sie uns empfehlen?
Имате ли винску карту?	Haben Sie eine Weinkarte?
Имате ли данас дневни мени?	Gibt es heute das Tagesmenü?
Хоћемо да наручимо предјело?	Wollen wir eine Vorspeise bestellen?
Можемо да узмемо хладно предјело.	Wir können eine kalte Vorspeise nehmen.
Ја желим топло предјело.	Ich möchte eine warme Vorspeise.
Ми смо веома гладни.	Wir sind sehr hungrig.
Ми нисмо јако гладни.	Wir sind nicht sehr hungrig.
Шта можемо да узмемо за главно јело?	Was können wir als Hauptspeise nehmen?
Ја не једем месо.	Ich esse kein Fleisch.
Ми желимо нешто лагано.	Wir wollen etwas Leichtes.
Можете да нам ставите ово јело на два тањира?	Können Sie uns diese Speise auf 2 Teller teilen?
У јеловнику стоји: „домаћа супа“. Шта је то?	In der Speisekarte steht: „domaća supa“. Was ist das?
Шта је уз ово јело прилог?	Was ist bei dieser Speise die Beilage?

Могу ли да добијем ово јело без прилога?	Kann ich diese Speise ohne Beilage bekommen?
Је ли то слатко или слано?	Ist das süß oder salzig?
Ја не познајем то јело.	Ich kenne diese Speise nicht.
Реците ми – какво је ово јело?	Sagen Sie mir – wie ist diese Speise?
Имате ли неки српски специјалитет?	Haben Sie eine serbische Spezialität?
Зашто не?	Wieso nicht?
Ипак не.	Doch nicht.
Онда ћемо да пробамо то јело.	Dann probieren wir diese Speise.
Ми желимо и десерт.	Wir wollen auch ein Dessert.
Ми желимо две чаше вина.	Wir wollen 2 Gläser Wein.
Молим вас и пола литре негазиране воде.	Bitte auch einen halben Liter stilles Wasser.
Молим вас само обичну воду.	Bitte nur Leitungswasser.
Ми обично пијемо кафу после.	Wir trinken Kaffee normalerweise danach.
Молим вас нову кашику.	Ich bitte Sie um einen neuen Löffel.
Могу ли да добијем нову виљушку?	Kann ich eine neue Gabel bekommen?
Имате ли пепељару?	Haben Sie einen Aschenbecher?
Могу ли да добијем још једну салвету?	Kann ich noch eine Serviette bekommen?
Да, то је веома укусно.	Ja, es schmeckt gut.
Да, ми смо веома задовољни.	Ja, wir sind sehr zufrieden.

Не, ми нисмо задовољни.	Nein, wir sind nicht zufrieden.
Нажалост.	Leider.
Молим вас, можемо да платимо?	Bitte, können wir zahlen?
Рачун молим.	Rechnung, bitte.
Много хвала.	Vielen Dank.

7. Wie schmecken die Speisen? – Каква су јела?

Какав је доручак?	Wie ist das Frühstück?
Доручак је веома укусан.	Das Frühstück ist sehr geschmackvoll.
Је ли хлеб свеж?	Ist das Brot frisch?
Да, хлеб је свеж.	Ja, das Brot ist frisch.
Је ли чај топао?	Ist der Tee warm?
Не, чај је хладан.	Nein, der Tee ist kalt.
Салата уопште није слана.	Der Salat ist überhaupt nicht gesalzen.
Супа је бљутава.	Die Suppe ist fad.
Овај одрезак није печен.	Das Schnitzel ist nicht durchgebraten.
Овај колач је сладак.	Dieser Kuchen ist süß.
Ваша предјела су веома издашна.	Ihre Vorspeisen sind sehr ausgiebig.
Главно јело није јефтино.	Die Hauptspeise ist nicht billig.
Сос је нажалост кисео.	Die Soße ist leider sauer.

Пилетина је презачињена.	Das Hühnerfleisch ist zu würzig.
Месо је одлично печено.	Das Fleisch ist ausgezeichnet gebraten.
Ова свињетина није добра.	Dieses Schweinefleisch ist nicht gut.
Риба је лагано јело.	Fisch ist eine leichte Mahlzeit.
Краставац је горак.	Gurke ist bitter.
Каква је вечера?	Wie ist das Abendessen?
Ја желим нешто топло.	Ich möchte etwas Warmes.
Ја желим крепку супу.	Ich möchte eine kräftige Suppe.
Ја желим свежу салату и мало домаћег сира.	Ich möchte einen frischen Salat und ein bisschen einheimischem Käse.
Ми желимо само свежу салату.	Wir wollen nur einen frischen Salat.
Сладолед је топао.	Die Eiscreme ist warm.
Ваши десерти изгледају веома добро.	Ihre Desserts sehen sehr gut aus.

8. Auf dem Gemüsemarkt – На пијаци

Молим вас, колико ово кошта?	Bitte, wie viel kostet das?
То је веома јефтино.	Das ist sehr billig.
То је веома скупо.	Das ist sehr teuer.
Одакле долази ово воће?	Woher kommt das Obst?
Одакле долази ово поврће?	Woher kommt das Gemüse?

Је ли воће свеже?	Ist das Obst frisch?
Је ли поврће свеже?	Ist das Gemüse frisch?
Ја желим један килограм.	Ich will ein Kilogramm.
Ја желим пола килограма.	Ich will ein halbes Kilogramm.
Ја желим два килограма.	Ich will 2 Kilogramm.
Ја желим само једно паковање воћа.	Ich will nur eine Packung Obst.
Могу ли да изаберем воће?	Kann ich das Obst auswählen?
То је превише.	Das ist zu viel.
То је премало.	Das ist zu wenig.
Та јабука је трула.	Dieser Apfel ist verdorben.
Не, хвала лепа.	Nein, vielen Dank.
Воће је за колач.	Das Obst ist für einen Kuchen.
Поврће је за супу.	Das Gemüse ist für eine Suppe.
Молим вас само велике комаде.	Bitte, nur große Stücke.
Молим вас само мале комаде.	Bitte, nur kleine Stücke.
Могу ли да добијем само пола?	Kann ich nur die Hälfte bekommen?
Ја немам кесицу.	Ich habe kein Sackerl/keine Tüte.
Ја немам ситниш.	Ich habe kein Kleingeld.

9. Freizeit – Слободно време

Шта радиш у слободно време?	Was machst du in der Freizeit?
Имаш ли много слободног времена?	Hast du viel Freizeit?
Имаш ли хоби?	Hast du ein Hobby?
Који је твој хоби?	Was für ein Hobby hast du?
Да ли волиш фудбал?	Magst du Fußball?
Да ли играш кошарку?	Spielst du Basketball?
Мој хоби је кување.	Mein Hobby ist Kochen.
Моји хобији су књиге и читање.	Meine Hobbys sind Bücher und Lesen.
Мој хоби је свирање.	Mein Hobby ist Musizieren.
Ја свирам клавир и гитару.	Ich spiele Klavier und Gitarre.
Ја волим дуге шетње.	Ich mag lange Spaziergänge.
Ја волим природу.	Ich mag Natur.
Мој хоби је планинарење.	Mein Hobby ist Bergsteigen.
Мој хоби је гледање филмова.	Mein Hobby ist Filme schauen.
Како често се бавиш твојим хобијем?	Wie oft befasst du dich mit deinem Hobby?
Сваки дан.	Jeden Tag.
Сваки викенд.	Jedes Wochenende.
Не често, само понекад.	Nicht oft, nur manchmal.
Имаш ли времена за то?	Hast du Zeit dafür?
Не увек.	Nicht immer.

За хоби имам увек времена.	Für ein Hobby habe ich immer Zeit.
Волиш да идеш у биоскоп?	Gehst du gerne ins Kino?
Волиш оперу?	Magst du die Oper?
Када имам времена, ја остајем код куће.	Wenn ich Zeit habe, bleibe ich zu Hause.
Ја волим да гледам телевизију.	Ich sehe gerne fern.
Ја радо сликам и цртам .	Ich male und zeichne gern.
Мој хоби је јога.	Mein Hobby ist Joga.
Мој хоби је скијање.	Mein Hobby ist Schifahren.
Мој хоби је хокеј.	Mein Hobby ist Eishockey.
Мој хоби је пливање.	Mein Hobby ist Schwimmen.
Ја идем сваки викенд да пливам на базен.	Ich gehe jedes Wochenende ins Schwimmbad.
Мој хоби су путовања.	Mein Hobby ist Reisen.
Ја волим да посећујем градове.	Ich besuche gern Städte.
Ја волим да посећујем далеке земље.	Ich besuche gerne ferne Länder.
Ја се бавим спортом.	Ich betreibe Sport.
Којим спортом се бавиш?	Welche Sportart betreibst du?
Ја се бавим одбојком.	Ich betreibe Volleyball.
Ја играм столни тенис.	Ich spiele Tischtennis.
Ја немам хоби.	Ich habe kein Hobby.

10. Personenbeschreibung – Опис особе

Како изгеда твоја другарица?	Wie sieht deine Freundin aus?
Она је ниска и има смеђу косу.	Sie ist klein und hat braune Haare.
Како изгледа твој друг?	Wie sieht dein Freund aus?
Он је висок и има плаву косу.	Er ist groß und hat blonde Haare.
Шта он носи?	Was trägt er?
Он носи панталоне и кошуљу.	Er trägt Hose und Hemd.
Она носи увек сукње и блузе.	Sie trägt immer Röcke und Blusen.
Какав је његов карактер?	Wie ist sein Charakter?
Он је симпатичан и драг.	Er ist sympathisch und lieb.
Она је модерна и интересантна.	Sie ist modern und interessant.
Он је веома гласан.	Er ist sehr laut.
Она је весела.	Sie ist fröhlich.
Мој колега је сада веома љут.	Mein Kollege ist jetzt sehr verärgert.
Зашто је твој колега љут?	Warum ist dein Kollege verärgert?
Његова јакна је прљава.	Seine Jacke ist schmutzig.
Моја колегиница је тужна.	Meine Kollegin ist traurig.
Зашто је твоја колегиница тужна?	Warum ist deine Kollegin traurig?
Њена сукња је прљава.	Ihr Rock ist schmutzig.

Какав је твој пас?	Wie ist dein Hund?
Он је мали, млад и брз.	Er ist klein, jung und schnell.
Каква је твоја мачка?	Wie ist deine Katze?
Она је дебела и спора.	Sie ist dick und langsam.
Каква је твоја ташна?	Wie ist deine Tasche?
Она је велика и скупа.	Sie ist groß und teuer.
Она је лоше јер је жедна.	Ihr geht es schlecht, weil sie Durst hat.
Каква је његова кошуља?	Wie ist sein Hemd?
Каква је њена сукња?	Wie ist ihr Rock?
Какав је његов капут?	Wie ist sein Mantel?
Моја кожа је тамна, зар не?	Meine Haut ist sonnengebräunt, nicht wahr?
Он је лоше јер је гладан.	Ihm geht es schlecht, weil er Hunger hat.

11. Wohnungsbeschreibung – Опис стана

О, како је ваш стан велик!	Och, wie groß ist Ihre/eure Wohnung!
Је ли ваш стан скуп?	Ist Ihre/eure Wohnung teuer?
Стан је огроман, али није скуп.	Die Wohnung ist riesig, aber nicht teuer.
Ви имате среће са станом.	Sie haben/Ihr habt Glück mit der Wohnung.
Ваша тераса је пространа.	Ihre Terrasse ist geräumig.
Дневна соба је модерна и угодна.	Das Wohnzimmer ist modern und bequem.

Спаваћа соба је минијатурна.	Das Schlafzimmer ist winzig.
Овде примате госте, зар не?	Hier empfangen Sie/empfangt ihr die Gäste, nicht wahr?
Наш балкон је мали, али леп.	Unser Balkon ist klein, aber schön.
Имате и трпезарију?	Haben Sie/Habt ihr auch ein Esszimmer?
Не, нажалост немамо трпезарију.	Nein, leider haben wir kein Esszimmer.
Наше купатило је једноставно и практично.	Unser Badezimmer ist einfach und praktisch.
Њихов тоалет је мали, али чист и леп.	Ihr WC ist klein, aber sauber und schön.
Је ли ваш стан топао?	Ist Ihre/eure Wohnung warm?
О да, стан је веома топао.	O ja, die Wohnung ist sehr warm.
Да ли имате оставу?	Haben Sie/Habt ihr einen Abstellraum?
Не, нажалост немамо оставу.	Nein, leider haben wir keinen Abstellraum.
Какав је солитер?	Wie ist das Wohnhaus?
Солитер је стар, али леп.	Das Wohnhaus ist alt, aber schön.
Какав је лифт?	Wie ist der Lift?
Лифт ради.	Der Lift ist in Betrieb.
Ми немамо лифт.	Wir haben keinen Lift.
Каква је улица?	Wie ist die Straße?
Улица је дугачка и гласна.	Die Straße ist lang und laut.

12. Am Abend – Увече

Куда идемо вечерас?	Wohin gehen wir heute Abend?
Вечерас идемо на вечеру.	Heute Abend gehen wir zum Abendessen.
Куда идемо у суботу?	Wohin gehen wir am Samstag?
У суботу идемо у град.	Am Samstag gehen wir in die Stadt.
Куда тачно?	Wohin genau?
Идемо да вечерамо у ресторан.	Wir gehen ins Restaurant zum Abendessen.
Куда идемо после?	Wohin gehen wir nachher?
После идемо у кафану.	Nachher gehen wir ins Kaffeehaus.
Шта славимо у суботу?	Was feiern wir am Samstag?
У суботу славимо рођендан.	Am Samstag feiern wir Geburtstag.
Када се видимо?	Wann sehen wir uns?
Видимо се у пола осам.	Wir sehen uns um halb 8.
Куда идеш сутра?	Wohin gehst du morgen?
Сутра идем у позориште.	Morgen gehe ich ins Theater.
Куда идеш сутра увече?	Wohin gehst du morgen Abend?
Сутра увече не идем никуда.	Morgen Abend gehe ich nirgends hin.
Куда идеш прекосутра?	Wohin gehst du übermorgen?

Прекосутра имам састанак с Лелом.	Übermorgen habe ich eine Verabredung mit Lela.
Око колико часова се видимо?	Gegen wie viel Uhr sehen wir uns?
Видимо се око пет.	Wir sehen uns gegen 5.
До када остајемо у клубу?	Bis wann bleiben wir im Club?
До поноћи.	Bis Mitternacht.
Шта желиш да радиш сутра увече?	Was willst du morgen Abend machen?
Сутра увече желим да гледам телевизију.	Morgen Abend will ich fernsehen.
Куда желиш да идеш у петак увече?	Wohin willst du am Freitagabend gehen?
У петак увече желим да идем на изложбу.	Am Freitagabend will ich in die Ausstellung.
Куда идемо у недељу увече?	Wohin gehen wir am Sonntagabend?
У недељу увече идемо у оперу.	Am Sonntagabend gehen wir in die Oper.

13. Alltag – Свакодневица

Када се будиш?	Wann wachst du auf?
Ја се будим сваки дан око седам.	Ich wache jeden Tag gegen 7 auf.
Шта доручкујеш?	Was frühstückst du?
Волим лаган доручак.	Ich esse gern ein leichtes Frühstück.

Ја не доручкујем.	Ich frühstücke nicht.
Ја волим ујутро много да једем.	Ich esse in der Früh gern viel.
Шта радиш преподне?	Was machst du am Vormittag?
Преподне радим.	Am Vormittag arbeite ich.
Преподне сам на послу.	Am Vormittag bin ich in der Arbeit.
Када ручаш?	Wann isst du zu Mittag?
Обично ручам око дванаест.	Ich esse gewöhnlich gegen 12 zu Mittag.
Шта обично ручаш?	Was isst du normalerweise zu Mittag?
Ја једем у кантини.	Ich esse in der Kantine.
Ја једем код куће.	Ich esse zu Hause.
Ја кувам код куће сваки дан.	Ich koche jeden Tag zu Hause.
Ја не ручам јер касно доручкујем.	Ich esse nicht zu Mittag, weil ich spät frühstücke.
Шта радиш послеподне?	Was machst du am Nachmittag?
Послеподне сам на послу.	Am Nachmittag bin ich in der Arbeit.
Послеподне сам код куће с децом.	Am Nachmittag bin ich zu Haus` mit den Kindern.
Послеподне се одмарам.	Am Nachmittag ruhe ich mich aus.
Да ли се дуго одмараш?	Ruhst du dich lange aus?
Ја се кратко одмарам.	Ich ruhe mich kurz aus.

Ја се не одмарам јер немам времена.	Ich ruhe mich nicht aus, weil ich keine Zeit habe.
Шта радиш увече?	Was machst du am Abend?
Увече гледам телевизију.	Am Abend sehe ich fern.
Увече читам новине.	Am Abend lese ich Zeitung.
Увече читам књиге.	Am Abend lese ich Bücher.
Увече спремам стан.	Am Abend räume ich die Wohnung auf.
Увече сам с децом.	Am Abend bin ich mit den Kindern.
Када идеш да спаваш?	Wann gehst du schlafen?
Обично идем касно да спавам.	Ich gehe gewöhnlich spät schlafen.
Обично идем рано да спавам.	Für gewöhnlich gehe ich früh schlafen.

14. Mein Job – Мој посао

Где радиш?	Wo arbeitest du?
Шта си по занимању?	Was bist du von Beruf?
Какав је твој посао?	Wie ist dein Job?
Мој посао је интересантан и угодан.	Mein Job ist interessant und angenehm.
Мој посао је напоран и тежак.	Mein Job ist anstrengend und schwierig.
Мој посао је лаган и једноставан.	Mein Job ist leicht und einfach.

Имаш ли шефа?	Hast du einen Chef?
Мој шеф је веома угодан.	Mein Chef ist sehr angenehm.
Ја немам шефа, ја радим самостално.	Ich habe keinen Chef, ich bin selbstständig.
Моји сарадници на послу су симпатични.	Meine Mitarbeiter in der Arbeit sind sympathisch.
Ја радим од девет до пет.	Ich arbeite von 9 bis 5.
Понекад радим прековремено.	Ich mache manchmal Überstunden.
Како идеш на посао?	Wie kommst du in die Arbeit?
Идем пешке јер је мој биро близу.	Ich gehe zu Fuß, weil sich mein Büro in der Nähe befindet.
Ја не желим да мењам посао.	Ich will meinen Job nicht wechseln.
Ја волим мој посао јер је забаван.	Ich mag meinen Job, weil er kurzweilig ist.
Јеси сада на боловању?	Bist du im Krankenstand?
Да, имам грипу.	Ja, ich habe eine Grippe.
Данас требам да завршим посао.	Heute soll ich die Arbeit fertigstellen.
Имам много посла.	Ich habe viel zu tun.
Имам мало посла.	Ich habe wenig zu tun.

Meine einfachen Sätze

Serbisch lernen
Stand August 2023

Sprachstufe A1

Snežana Stefanović: IDEMO DALJE 1 – Lesebuch
Taschenbuch, E-Book, Hörbuch, interaktives E-Book mit Hörtexten

Snežana Stefanović: Vokabeltrainer A1 zum Buch IDEMO DALJE 1
Taschenbuch & E-Book

Snežana Stefanović: SERBISCH: Einfache Sätze 1
Taschenbuch, E-Book, Hörbuch, interaktives E-Book mit Hörtexten

Snežana Stefanović: SERBISCH: Einfache Sätze 2
Taschenbuch, E-Book, Hörbuch, interaktives E-Book mit Hörtexten

Snežana Stefanović: Trifun i mali fudbaleri – Kurzgeschichte
Taschenbuch & E-Book

Snežana Stefanović: IDEMO DALJE 2 - Lesebuch
Taschenbuch, E-Book, Hörbuch, interaktives E-Book mit Hörtexten

Snežana Stefanović: Serbisch Kyrillisch lernen
Taschenbuch & E-Book

Snežana Stefanović: Kleiner Reisewortschatz
E-Book

Sprachstufe A2

Snežana Stefanović: IDEMO DALJE 3 – Lesebuch
Taschenbuch & E-Book

Snežana Stefanović: SERBISCH Witze und Anekdoten 1. Teil
Taschenbuch & E-Book

Snežana Stefanović: SERBISCH Witze und Anekdoten 2. Teil
Taschenbuch & E-Book

Sprachstufe A2 – B1

Snežana Stefanović: IDEMO DALJE 4 – Lesebuch
Taschenbuch & E-Book

Sprachstufe C1

Snežana Stefanović: Vreme – Zeit, Wetter – Kurzgeschichten
Taschenbuch & E-Book